# RosettaStone®
## ESPAÑOL

Level 3
# SPANISH
LATIN AMERICA

**Student Workbook**

Language Learning Success™

WKB-ESP-L3-3.0

ISBN 978-1-61716-387-6

Rosetta Stone
Harrisonburg, Virginia USA
**T** (540) 432-6166 • (800) 788-0822 in USA and Canada
**F** (540) 432-0953
RosettaStone.com

# How to use the Rosetta Stone Student Workbook

This Rosetta Stone Student Workbook contains lessons and exercises to help enhance a student's learning experience. The lessons and activities in this Workbook provide an opportunity for learners to practice their language skills through a variety of reading and writing exercises that reinforce the lessons and concepts covered in the Rosetta Stone™ Software.

Worksheet pages and Quizzes in this workbook are ordered by Unit, Lesson, and Exercise, and correspond directly to the Units and Lessons covered in the Rosetta Stone software.

Additional learning resources are available as Adobe® PDF files on the Rosetta Stone **Supplemental Education Materials CD-ROM**, including:

- Workbook Instructions for English Speakers
- Tests and Answer Keys
- An electronic version of this Student Workbook (with Worksheets and Quizzes)
- Course Contents

All files provided on the Supplemental Education Materials CD-ROM may be printed for personal use, and are intended to complement Rosetta Stone Lessons.

# Unidad 1, Lección 1, Ejercicio 1

---

Sección 1. Subraya la palabra correcta.

1) **Los niños están nadando ...**

   *en la cerca.*          *en el jardín.*          *en la piscina.*

2) **El reloj está roto. No ...**

   *funciona.*          *agarra.*          *arregla.*

3) **La bicicleta está rota. El muchacho la está ...**

   *trabajando.*          *arreglando.*          *funciona.*

4) **Olga están en la panadería. Daniel trabaja en la panadería. Olga y Daniel trabajan ...**

   *juntas.*          *juntos.*          *encima.*

5) **Laura tiró la pelota; Viktor**

   *la agarró.*          *la sube.*          *la funciona.*

---

Sección 2. Subraya la respuesta correcta y escríbela.

1) **¿Quisiera usted una naranja?** _____

   *1. No, gracias. Tengo una.*

   *2. Sí, tengo una.*

   *3. No, gracias. Tengo uno.*

2) **¿Quieres un libro?** _____

   *1. No, gracias. Tengo una.*

   *2. Sí, tengo una.*

   *3. No, gracias. Tengo uno.*

3) **¿Tienes un bolígrafo?** _____

   *1. No, gracias. Tengo una.*

   *2. Sí, tengo uno.*

   *3. Sí, tengo unas.*

4) **¿Por qué no subieron al árbol?** _____

   *1. Porque era difícil subirse.*

   *2. Porque era fácil subirse.*

   *3. Porque le gusta subirse.*

5) **¿Quiere usted esta camisa roja?** _____

   *1. Sí, gracias. Tengo una.*

   *2. No, quiero la azul.*

   *3. No, gracias tengo una azul.*

# Unidad 1, Lección 1, Ejercicio 2

Sección 1. Subraya la palabra correcta y escríbela.

1) ( *arreglarlo* / *arreglando* / *arreglo* )    El hombre está _____ las cámaras.

2) ( *arreglé* / *arreglaste* / *arreglar* )    Yo _____ el juguete de mi hermano.

3) ( *arreglé* / *arréglelo* / *arreglaste* )    Tú _____ el carro.

4) ( *arreglas* / *arreglarlo* / *arreglar* )    Es difícil _____ este autobús.

5) ( *arreglé* / *arréglelo* / *arreglaste* )    El televisor está roto; _____ por favor.

6) ( *funciona* / *funcionan* / *trabajan* )    El radio nuevo _____ bien.

7) ( *funciona* / *funcionan* / *trabajan* )    Estos teléfonos no _____.

8) ( *saltó* / *salté* / *saltar* )    El caballo _____ por encima de la cerca.

9) ( *suban* / *subo* / *subirse* )    ¡No se _____ al carro!

10) ( *subiste* / *subo* / *subirse* )    Yo me _____ a la escalera.

Sección 2. Mira las fotos y escribe la(s) palabra(s) correcta(s).

| *tiró* | *saltó* | *tirando* | *saltar* | *tirar* | *saltando* |

1) La niña está _____.

2) El gato _____.

3) El niño va a _____.

4) El muchacho _____ la toalla.

5) El hombre va a _____ la pelota.

6) El niño está _____ la pelota.

# Unidad 1, Lección 1, Ejercicio 3

Sección 1. Escribe las palabras en orden. Sigue el modelo:

la salta caballo encima de El cerca por      *El caballo salta por encima de la cerca.*

1) no pelota la agarraste Tú      _____

2) madre y abrazando su se están María      _____

3) juntos Los estudian niños      _____

4) se niña parece a La hermana su      _____

5) parecen muchachos se Los      _____

Sección 2. Lee la pregunta y su respuesta. Escribe. Sigue el modelo:

¿Es una flor? No, es una servilleta.      *Esta servilleta parece una flor.*

1) ¿Es una naranja? No, es una pelota.      _____

2) ¿Es un libro? No, es un cuaderno.      _____

3) ¿Es un sol? No, es una luna.      _____

Sección 3. Escribe lo que pasó en el pasado. ¿Fácil o difícil? Sigue el modelo:

Él escribe un libro.

*Él escribió un libro.*      *Es difícil escribir un libro.*

1) La niña agarra la pelota.

_____      _____

2) Él tira el sombrero.

_____      _____

3) Yo arreglo la laptop.

_____      _____

4) Miguel salta de la escalera.

_____      _____

# Unidad 1, Lección 1, Ejercicio 4

1) encima

2) salta

3) sube

_____

_____

_____

Sección 2. Contesta las preguntas.

1) ¿La niña se sube a la cama? No / (*ella*) salta / silla

_____

2) ¿Por qué no compraste la guitarra grande? (*yo*) gusta / pequeña

_____

3) ¿Por qué no arreglaste el televisor ayer? (*yo*) arreglé / cámaras

_____

4) ¿Arreglo el carro? Sí / arréglelo / (*usted*)

_____

5) ¿Quiere usted un sándwich? No / (*yo*) tengo

_____

6) ¿Qué hizo el niño? (*él*) agarró / toalla

_____

# Unidad 1, Lección 1, Prueba

Sección 1. Escribe la palabra correcta.

| | | | | |
|---|---|---|---|---|
| arreglando | una | encima | a | fácil |
| tiren | piscina | agarró | funciona | difícil |

1) No quiero una manzana. Tengo _____.

2) El caballo está saltando por _____ de la cerca.

3) El gato saltó _____ la cama.

4) Es _____ correr treinta millas en un día.

5) Mi radio está roto.  No _____.

6) Por favor, no _____ la pelota en la casa.

7) Ella _____ las flores cuando yo se las tiré a ella.

8) La mujer está _____ nuestra computadora porque está rota.

9) La _____ está en el jardín.

10) Es _____ navegar cuando hace viento.

Sección 2. Subraya y escribe la palabra correcta.

1) La niña está tirando la pelota por _____ de la cerca.

   a. debajo        b. en          c.encima

2) El niño se sube _____ la silla.

   a. a          b. de          c. en

3) ¿Tiene usted un pasaporte?  Sí, tengo _____.

   a. una        b. uno         c. un

4) Esta flor _____ un árbol.

   a. parece      b. se parece     c. roto

5) El esposo y la esposa _____ en el cine.

   a. mira       b. se escriben    c. se encuentran

# Notas

# Unidad 1, Lección 2, Ejercicio 1

Sección 1. Empareja.

El niño se bebió la leche.         *a. El vaso está lleno.*

1) El niño va a beber la leche.       *b. Yo voy a barrer el piso.*

2) El piso está limpio.       *c. El vaso está vacío.*

3) El piso está sucio.       *d. Yo barrí el piso.*

Sección 2. Escribe dos palabras más para cada tipo.

1) en cualquier habitación:    techo    _____    _____

2) en el baño:    ducha    _____    _____

3) en la cocina:    cocina    _____    _____

4) vajilla:    platos    _____    _____

Sección 3. Escribe la palabra correcta.

| | | | |
|---|---|---|---|
| *el sofá* | *vajilla* | *la bañera* | *el lavaplatos* |
| *la encimera* | *el cubo de la basura* | | *el refrigerador* |

1) Pon los platos sucios en _____.

2) Pon el jugo de naranja en _____.

3) En _____ hay agua.

4) Los platos, las tazas y los tazones son _____.

5) Pon el papel en _____.

6) Mi abuela está sentada en _____.

7) La carne está sobre _____.

# Unidad 1, Lección 2, Ejercicio 2

Sección 1. Escribe lo que pasa en las fotos.

1)  verde

_____

2)  vacía

_____

3)  blanco

_____

4)  al lado

_____

5)  sobre

_____

6)  detrás

_____

Sección 2. Subraya y escribe la palabra correcta.

1)  ( *aspira / aspiro / aspirando* )  El hombre _____ el piso.

2)  ( *barre / barras / barrí* )  Yo _____ el piso.

3)  ( *limpiar / limpiarás / limpiando* )  Tú _____ el piso.

4)  ( *aspirar / aspiro / aspira* )  María, _____ el piso, por favor.

5)  ( *bañar / bañarme / bañando* )  Voy a _____ .

6)  ( *ordenamos / ordenaste / ordenar* )  Nosotros _____ la cocina.

7)  ( *ducharme / duché / ducharse* )  Yo me _____ .

8)  ( *ordenando / ordenaste / ordenar* )  Tú estás _____ la cocina.

# Unidad 1, Lección 2, Ejercicio 3

Sección 1. Contesta las preguntas en el pasado. Sigue el modelo:

**¿Comiste la manzana?**   *Sí, la comí.*

1) **¿Ordenaste tu dormitorio?**   _____

2) **¿El muchacho lavó la vajilla?**   _____

3) **¿Quién barrió la cocina?** ( *yo* )   _____

4) **¿Tu hermana se duchó?**   _____

Sección 2. Mira las fotos y escribe lo que deben hacer estas personas.

1)   **Por favor,**
_____
_____ .

2)   **Por favor,**
_____
_____ .

3)   **Por favor,**
_____
_____ .

4)   **Por favor,**
_____
_____ .

Sección 3. Contesta las preguntas. Sigue el modelo:

**¿Lavaste la vajilla?** ( *sacar / basura* )

*No, saqué la basura.*

1) **¿Aspiraste la alfombra?** ( *ordenar / sala de estar* )

_____

2) **¿Estás limpiando la bañera?** ( *limpiar / ventanas* )

_____

3) **¿Tu hermana está limpiando el baño?** ( *aspirar / techo* )

_____

# Unidad 1, Lección 2, Ejercicio 4

Sección 1. Mira las fotos y escribe lo que estas personas hicieron, están haciendo o harán. Sigue el modelo:

**¿Qué está haciendo ella?**

**antes: lavar, la vajilla**
**ahora: aspirar, el techo**

*Antes lavó la vajilla.*

*Ahora aspira el techo.*

**1)  ¿Qué estás haciendo?**

**antes: limpiar, el lavabo**
**ahora: limpiar, la ducha**

_____

_____

**2)  ¿Qué estás haciendo?**

**ahora: barrer, las escaleras**
**después: limpiar, la bañera**

_____

_____

**3)  ¿Qué está haciendo la niña?**

**ahora: lavar, la vajilla**
**después: lavar, la ropa**

_____

_____

**4)  ¿Qué están haciendo ustedes?**

**antes: ordenar, la sala de estar**
**ahora: barrer, el piso**

_____

_____

Sección 2. Escribe cómo es tu casa. Usa **al lado**, **debajo**, **sobre**.

**1)** _____

**2)** _____

**3)** _____

# Unidad 1, Lección 2, Prueba

Sección 1. Lee lo que la familia Simpson tiene que hacer en su casa. ¿Qué tienen que hacer? ¿Qué van a hacer? ¿Qué hicieron? Sigue el modelo:

_El padre va a ordenar el dormitorio_ .

_Roberto sacó la basura_ .

1) _____ .

2) _____ .

3) _____ .

4) _____ .

5) _____ .

6) _____ .

7) _____ .

| LO QUE TIENE QUE HACER LA FAMILIA SIMPSON | | |
|---|---|---|
| Madre | comprar pan | ✔ |
| Padre | ordenar el dormitorio | |
| Roberto | lavar la vajilla | |
| Bethany | aspirar la alfombra (sala de estar) | |
| David | barrer el piso (la cocina) | ✔ |
| Padre y Roberto | lavar la ropa | |
| David | arreglar la silla | |
| Madre | limpiar la encimera | ✔ |
| Bethany | poner los vasos en el lavaplatos | |
| Roberto | sacar la basura | ✔ |

Sección 2. Subraya y escribe la palabra correcta.

1) ¿ _____ estás barriendo? Estoy barriendo el piso.    a. Qué     b. Quién     c. Por qué

2) El fregadero está _____ de platos.    a. rojo     b. lleno     c. limpiando

3) La basura _____ mal.    a. limpia     b. salta     c. huele

4) Por favor, _____ el piso de la cocina.    a. corre     b. barre     c. sube

5) La alfombra está _____ del piso.    a. encima     b. en     c. debajo

Sección 3. Lee y escribe las palabras. Sigue el modelo:

Puedo lavar los platos aquí.    ofgeradre    _fregadero_

1) tazas, tazones, platos    ajavill    _____

2) no está lleno    caívo    _____

3) Puedes poner la leche aquí    dafererogrir    _____

4) Yo cocino arroz aquí    anocic    _____

5) Esto huele mal    sabuar    _____

# Notas

# Unidad 1, Lección 3, Ejercicio 1

---

Sección 1. Escribe las palabras relacionadas con cada definición.

_Un lago_ **es un buen lugar para nadar.**

1) _____ **es un buen lugar para esquiar.**　　2) _____ **es un buen para estudiar.**

3) _____ **es un buen lugar para aprender español.**　4) **El parque es un buen lugar para** _____ .

5) _____ **es un buen lugar para escuchar música.**　6) **El océano es un buen lugar para** _____ .

7) **Un restaurante es un buen lugar para** _____ .　8) **La playa es un buen lugar para** _____ .

---

Sección 2. Mira las fotos y contesta las preguntas.

1) **¿Ella es fuerte?**

_____

2) **¿Él es fuerte?**

_____

3) **¿Él es fuerte?**

_____

4) **¿Ella es fuerte?**

_____

5) **¿Ella es fuerte?**

_____

6) **¿Él es fuerte?**

_____

---

Sección 3. Escribe qué practica cada persona en las fotos. Sigue el modelo:

_Él está_ **practicando** _golf en la oficina_ .

1) _____ **practicando**

_____ .

2) _____ **practicando**

_____ .

3) _____ **practicando**

_____ .

# Unidad 1, Lección 3, Ejercicio 2

Sección 1. Escribe las palabras en orden.

1) no ejercicio Las haciendo niñas están

_____

2) mucho fuerte ejercicio muchacha porque La hace es

_____

3) días Debes los todos practicar

_____

4) practicando playa en hombre El fútbol la está

_____

5) su hermano la practicando Mi en guitarra está dormitorio

_____

Sección 2. Escribe. Sigue el modelo:

**El niño está jugando.**            *El niño juega.*

1) **Bertrand y María están practicando fútbol.**    _____

2) **Yo estoy practicando piano.**    _____

3) **El hombre está practicando tenis.**    _____

4) **David y yo estamos practicando violín.**    _____

5) **El equipo de golf está practicando.**    _____

6) **Ustedes están practicando guitarra.**    _____

# Unidad 1, Lección 3, Ejercicio 3

Sección 1. Mira las fotos y escribe lo que estas personas deben o no deben hacer.

1) La niña

_____

2) Tú

_____

3) ¡Es muy caro!
   Nosotros

_____

4) Te queda bien.

_____

Sección 2. Lee y escribe cuándo hago estas cosas. Escribe: *siempre*/*nunca*/*a veces*. Sigue el modelo:

**No puedo beber jugo de naranja; no me gusta.**

*Nunca bebo jugo de naranja.*

1) **El domingo me gusta practicar ejercicio, pero también me gusta leer.**

_____

2) **No puedo comer torta.**

_____

3) **La mujer sonríe todos los días.**

_____

4) **En el almuerzo nos gusta la carne y el pescado.**

_____

5) **A ella no le gusta el pescado; no lo come.**

_____

6) **¿Todos los días encuentras un lugar para hacer ejercicio?**

   **Sí,** _____

# Unidad 1, Lección 3, Ejercicio 4

Sección 1. Escribe *alguien*/*algo*.

1) Debes comer _____.

2) _____ llama por teléfono.

3) ¿Vas a hacer _____ con esas frazadas?

4) ¿ _____ necesita _____?

5) Hay _____ en la oficina.

6) ¿Tu hermana te dijo _____ sobre él?

7) ¿ _____ barrió la cocina?

8) _____ trajo _____ para ti.

Sección 2. Escribe algunas cosas que haces o no haces.

| siempre | algunas veces | nunca |
|---|---|---|
| *Siempre desayuno antes de trabajar.* | _____ | _____ |
| _____ | _____ | _____ |
| _____ | _____ | _____ |

# Unidad 1, Lección 3, Prueba

Sección 1. Escribe la palabra correcta.

| a veces | nunca | siempre | supermercado | alguien |
|---------|-------|---------|--------------|---------|
| equipo  | debe  | lugar   | más fuerte   | no debe |

1) El _____ es un buen lugar para comprar frutas.

2) _____ está sacando una foto.

3) El _____ de fútbol tiene un partido mañana.

4) Él está enfermo. _____ comprar medicamentos.

5) _____ ella bebe café.

6) La niña es _____ que el niño.

7) El café no está caliente. _____ beberlo.

8) Nosotros buscamos un _____ para hacer ejercicio.

9) Yo _____ como pescado.  No me gusta.

10) El azúcar _____ es dulce.

---

Sección 2. Escribe las palabras y pon en orden. Sigue el modelo:

1) G L U R A _____ *lugar* _____

2) T A R R I P C C A _____

3) M I S P E R E _____

4) R A M A C A P _____

5) M O S E N R O C T A N _____

Q:   ¿Por qué les gusta venir aquí?

A:   Porque aquí _____ _____ un buen

_____ *lugar* _____ para _____ y para _____ fútbol.

# Notas

# Unidad 1, Lección 4, Ejercicio 1

Sección 1. Escribe lo que hay en las fotos. Sigue el modelo:

*Estos son los ojos*

*del niño.*

1) _____

_____

2) _____

_____

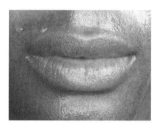

3) _____

_____

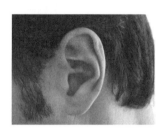

4) _____

_____

5) _____

_____

---

Sección 2. Subraya la palabra correcta. Escribe. Sigue el modelo:

**¿El niño ( *me / se / le* ) lastimó?**            *¿El niño se lastimó?*

1) **Sí, él ( *le / te / se* ) ( *lastimó / lastimé / lastimaste* ) la rodilla.** _____

2) **¿( *Se / Te / Le* ) lastimó usted?** _____

3) **No, yo no ( *le / me / te* ) ( *lastimó / lastimé / lastimaste* ).** _____

4) **¿Tú ( *se / le / te* ) lastimaste?** _____

5) **Sí, ( *se / me / te* ) ( *lastimaste / lastimó / lastimé* ) el brazo.** _____

6) **¿Qué ( *se / le / te* ) lastimó tu hijo?** _____

7) **Mi hijo ( *le / te / se* ) ( *lastimaste / lastimó / lastimé* ) un codo.** _____

# Unidad 1, Lección 4, Ejercicio 2

Sección 1. Escribe lo que hay en las fotos. Sigue el modelo:

*El hombre se*
*lastimó el ojo.*

1) **El niño** _____

_____

2) **El hombre** _____

_____

3) _____

_____

Sección 2. Empareja las palabras y escribe. Sigue el modelo:

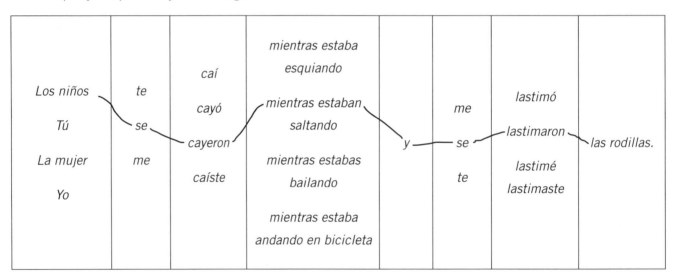

| Los niños | te | caí | mientras estaba esquiando | | me | lastimó |
| Tú | se | cayó | mientras estaban saltando | y | se | lastimaron |
| La mujer | me | cayeron | mientras estabas bailando | | te | lastimé |
| Yo | | caíste | mientras estaba andando en bicicleta | | | lastimaste |

las rodillas.

*Los niños se cayeron mientras estaban saltando y se lastimaron las rodillas.*

1) _____

2) _____

3) _____

# Unidad 1, Lección 4, Ejercicio 3

Sección 1. Contesta las preguntas. Sigue el modelo:

¿Qué le pasa a la mujer?

*Le duele la cabeza.*

1) ¿Qué le pasa al niño?

_____

2) ¿Qué le pasa a usted?

_____

3) ¿Qué te pasa?

_____

4) ¿Qué le pasa a su hijo?

_____

5) ¿Qué le pasa a usted?

_____

6) ¿Qué le pasa al hombre?

_____

7) ¿Qué te pasa?

_____

Sección 2. Escribe. Sigue el modelo:

| | | |
|---|---|---|
| *Tómese este medicamento.* | *Hay treinta y tres grados.* | *¡Estás enferma! ¡Llama al médico!* |
| *Me duele el estómago.* | *Me lastimé el brazo.* | |

*Hay treinta y tres grados C afuera.*

**¡Vamos a la playa!**

1) _____

**Necesito una venda.**

2) _____

**¿Qué comió ayer?**

3) **¿Qué hago, doctor?**

_____

4) **Tienes treinta y ocho grados de temperatura.**

_____

# Unidad 1, Lección 4, Ejercicio 4

Sección 1. Contesta las preguntas. Sigue el modelo:

**¿Vas a andar en bicicleta? — Sí.**  _Por favor, ten cuidado cuando andas en bicicleta._

1) **¿Va usted a subir al velero? — Sí.** _____

2) **¿Vas a esquiar? — Sí.** _____

3) **¿Va usted a manejar en la noche? — Sí.** _____

4) **¿Vas a jugar con la pelota de fútbol en la calle? — Sí.** _____

Sección 2. Escribe cuántas veces al **_día/semana/año_** haces estas cosas. Sigue el modelo:

| | | veces | día/semana/año |
|---|---|---|---|
| 1) | ir al cine | 1 | semana |
| 2) | beber agua | | |
| 3) | tomar café | | |
| 4) | comer en el restaurante | | |
| 5) | ir a un concierto | | |
| 6) | ir a bailar | | |
| 7) | hacer ejercicio | | |
| 8) | andar en bicicleta | | |
| 9) | tomar un autobús | | |
| 10) | tomar un avión | | |

_Voy al cine una vez a la semana._

1) _____

2) _____

3) _____

4) _____

5) _____

6) _____

7) _____

8) _____

9) _____

10) _____

# Unidad 1, Lección 4, Prueba

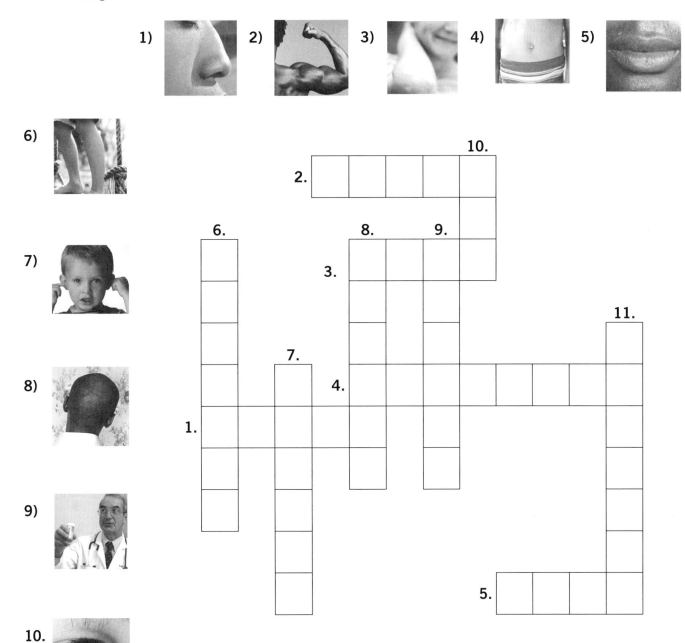

# Notas

# Unidad 2, Lección 1, Ejercicio 1

Sección 1. Subraya y escribe la palabra correcta.

1) **La habitación está vacía.**

   **No hay** _____ ( *nadie* / *alguien* )**.**

2) **Todos están hablando.**

   _____ ( *Todos* / *Todo* ) **están comiendo.**

3) **Todo está en el refrigerador.**

   **No hay** _____ ( *nadie* / *nada* ) **en la encimera.**

4) **Nosotros ayudamos con la cena.**

   **Hay** _____ ( *algún* / *algunas* ) **personas en la cocina.**

Sección 2. Empareja y contesta las preguntas. Sigue el modelo:

| |
|---|
| *No sé qué está mirando.*     *No sé cuánto café quiere él.*       *Sé que ellos tocan la guitarra.* <br> *No sé dónde está él.*       *Sé que él está mirando la televisión.*     *No sé cómo está él.* <br> *No sé cuántas personas tocan la guitarra.* |

1) **¿Cómo está Juan?**       *No sé cómo está él.* _____

2) **¿Dónde está el hombre?** _____

3) **¿Qué está mirando el niño en la televisión?** _____

4) **¿Sabe usted si él está mirando la televisión?** _____

5) **¿Cuántas personas tocan la guitarra?** _____

6) **¿Sabe usted si ellos tocan la guitarra?** _____

7) **¿Cuánto café quiere el doctor?** _____

Sección 3. Empareja y contesta las preguntas.

1) ____ **¿Por qué nevará?**       *a. No sé cómo se llama.*

2) ____ **¿Sabe usted cómo se llama ese hombre?**       *c. Porque hace frío.*

3) ____ **¿Hay suficientes libros para todos los estudiantes?**       *d. Sí. Hay suficientes para todos.*

4) ____ **¿Qué equipo ganará?**       *b. Aunque el equipo azul está ganando, probablemente ganará el equipo rojo.*

# Unidad 2, Lección 1, Ejercicio 2

Sección 1. Escribe 1, 2, 3, 4. Pon en orden.

**1)** _____    *a. Porque hace más sol.*

**2)** _____    *b. ¿Qué te gusta más, el verano o el invierno?*

**3)** _____    *c. ¿Por qué?*

**4)** _____    *d. Aunque me gusta esquiar, me gusta más el verano.*

---

Sección 2. Escribe qué están haciendo estas personas ahora mismo. Sigue el modelo:

**1)  Los niños** _____*están jugando*_____ (*jugar*) **con el perro blanco.**

**2)  El equipo amarillo** _____ (*perder*) **el partido.**

**3)  Yo** _____ (*buscar*) **alguien que toque la guitarra.**

**4)  Mi amigo y yo** _____ (*mirar*) **la televisión.**

**5)  Usted** _____ (*tomar*) **desayuno.**

---

Sección 3. Vas a tener una fiesta. Lee las cosas que tienes y contesta las preguntas. Sigue el modelo:

| Hay: | | | | | |
|---|---|---|---|---|---|
| *20 invitados* | *20 vasos* | *12 sillas* | *24 platos* | *8 servilletas* | *Postre para 18* |

**¿Cuántos invitados hay?**    \_\_\_\_\_*Hay veinte invitados.*\_\_\_\_\_

**1)  ¿Hay suficientes servilletas para todos?**    _____

**2)  ¿Hay suficientes sillas para todos?**    _____

**3)  ¿Hay suficientes platos para todos?**    _____

**4)  ¿Hay suficiente postre para todos?**    _____

**5)  ¿Hay suficientes vasos para todos?**    _____

# Unidad 2, Lección 1, Ejercicio 3

Sección 1. Subraya y escribe la palabra correcta.

1) Buscamos alguien que _____ (*habla* / *hable*) español.

2) (*Tengo* / *Busco*) _____ un amigo que juega al básquetbol.

3) Queremos ir a una tienda que _____ (*vende* / *venda*) guitarras.

Sección 2. Escribe la palabra correcta.

| | | | |
|---|---|---|---|
| *ningún* | *suficientes* | *nadie* | *nada* |
| *todas* | *suficiente* | *algunos* | *alguien* |

1) _____ platos están en el fregadero.

2) No hay _____ libro en la cocina.

3) Hay _____ sillas para todas las personas.

4) ¿Hay alguién en la escuela? No, no hay _____.

5) ¿Dónde están las mujeres? _____ están en la piscina.

Sección 3. Contesta las preguntas.

1) ¿Sabes cómo se llama ese hombre? (*sí, Gonzalo*)

_____

2) ¿Qué equipo ganará el partido de fútbol? (*el equipo rojo*)

_____

3) ¿Hay suficientes vasos para todos tus amigos? (*sí*)

_____

4) Cuál te gusta más, el vestido azul o el vestido verde? (*azul*)

_____

# Unidad 2, Lección 1, Ejercicio 4

Sección 1. Escribe todo lo que pasa en estas fotos.

1) _____

   _____

   _____

   _____

2) _____

   _____

   _____

   _____

---

Sección 2. Subraya la palabra correcta.

1) **Buscamos alguien que** ( *trabaja / trabaje* ) _____ **en el hospital.**

2) **Tengo dos amigos que** ( *hablan / hablen* ) _____ **ruso.**

3) **Necesito una persona que** ( *toca / toque* ) _____ **el piano.**

4) **Mi madre conoce a una mujer que** ( *enseña / enseñe* ) _____ **matemáticas.**

5) **Queremos ir a un lugar que** ( *tiene / tenga* ) _____ **muchas playas.**

---

Sección 3. Escribe.

**Hace calor y sol.** *Probablemente comeremos afuera* .

1) **La mujer tomó café el lunes, martes y miércoles. Mañana,** _____.

2) **Ella fue al cine cinco veces el mes pasado. Este mes,** _____.

3) **Esta cámara es muy buena. No es cara. Necesito una cámara nueva.** _____.

4) **Nos gusta visitar Roma. El verano pasado visitamos Roma. Este verano visitaremos Roma.**

   **El verano que viene** _____.

5) **No hay nada en el refrigerador. Ellos necesitan leche. Ellos** _____.

# Unidad 2, Lección 1, Prueba

Sección 1. Subraya y escribe la palabra correcta.

1) Quiero trabajar en una oficina que _____ cerca de mi casa.
   a. está          b. esté

2) Tengo una hermana que _____ en Nueva York.
   a. vive          b. viva

3) Necesito comprar una camisa que _____ azul.
   a. sea          b. es

4) ¿Buscas a alguien que _____ español?
   a. habla          b. hable

5) Ellos conocen a muchas personas que _____ al tenis.
   a. juegan          b. jueguen

Sección 2. Escribe *quién*, *si*, *dónde*, *cuándo*, *que*, *cuántos*, *cuánto*. Puedes escribirlas más de una vez.

1) ¿Sabe usted _____ es ese hombre?

2) No sé _____ estamos.  Necesitamos un mapa.

3) Él nunca sabe _____ dinero tiene.

4) Ellos no saben _____ invitados vienen a la fiesta.

5) No sé _____ está lloviendo.

6) ¿Conoce usted alguien _____ venda libros antiguos?

7) Nosotros buscamos una tienda _____ venda computadoras.

8) Él no sabe _____ ellos le compraron una torta.

9) No sé _____ sale el vuelo.  Probablemente saldrá mañana.

10) No encuentro mis llaves. No sé _____ están.

Sección 3. Contesta las preguntas..

1) Equipo azul: 13 Equipo rojo: 15          ¿Qué equipo está ganando el partido?

_____

2) Equipo amarillo: 9 Equipo azul: 7          ¿Qué equipo ganó el partido?

_____

# Notas

# Unidad 2, Lección 2, Ejercicio 1

Sección 1. Escribe el nombre de cada continente.

| África | América del Sur | América del Norte | Antártida | Asia | Australia | Europa |
| --- | --- | --- | --- | --- | --- | --- |

1) _____

2) _____

3) _____

4) _____

5) _____

6) _____

7) _____

Sección 2. Empareja.

_____ 1)   Mi abuelo murió hace un mes.

_____ 2)   Mi hija nació hace cuatro horas.

_____ 3)   Nuestro padre murió hace diez años.

_____ 4)   Compré una casa nueva hace una semana.

a. ¡Felicitaciones por su nueva bebé!

b. Te doy mis condolencias.

c. ¡Felicitaciones!

d. Les doy mis condolencias.

Sección 3. Contesta las preguntas.

1)   ¿En qué estás pensando? ( *mi cumpleaños* )

_____

2)   ¿Cuánto hace que vives en esta ciudad? ( *cinco años* )

_____

3)   ¿Terminarán de preparar la cena temprano? ( *sí / ya* )

_____

# Unidad 2, Lección 2, Ejercicio 2

Sección 1. Escribe el continente en que está cada país.

1) **Estados Unidos**  _____

2) **Francia**  _____

3) **Brasil**  _____

4) **China**  _____

5) **Egipto**  _____

Sección 2. Escribe *este* o *esta*.

1) **¿Vas a ir a _____ boda?**

2) **Quiero leer _____ libro.**

3) **¿Te gusta _____ restaurante?**

4) **Vamos al cine para ver _____ película.**

5) **¿Qué compraste en _____ tienda?**

Sección 3. Contesta las preguntas.

1) **¿En qué estás pensando?** ( *mi boda* )

_____

2) **¿Cuánto hace que estás estudiando español?** ( *dos años* )

_____

3) **¿Terminaron de construir ese hospital?** ( *sí* )

_____

4) **¿Por qué están contentos?** ( *su equipo ganó* )

_____

5) **¿Cuánto hace que murió la mujer?** ( *seis meses* )

_____

# Unidad 2, Lección 2, Ejercicio 3

Sección 1. Lee.

Me llamo Roberto. Viktor Popov era mi abuelo. El nació en 1901. Vivió en Rusia por veinte años. Él fue a Italia cuando tenía veinte años. Se casó con mi abuela Giuliana en 1924. Ellos se casaron en Roma. Su primer hijo nació en 1926. Su segundo hijo nació en 1935. Su segundo hijo es mi padre. Ellos vivieron en Italia por cincuenta y seis años. Mi abuela murió en 1980. Mi abuelo murió en 1996. Nosotros fuimos al funeral en Roma.

Sección 2. Contesta las preguntas.

1) ¿Cuándo nació Viktor Popov? _____

2) ¿Cuántos años vivió en Rusia? _____

3) ¿Adónde fue Viktor en 1921? _____

4) ¿Con quién se casó Viktor? _____

5) ¿Dónde se casaron? _____

6) ¿Cuántos años vivieron en Italia? _____

7) ¿Cuándo nació su primer hijo? _____

8) ¿Qué pasó en 1980? _____

9) ¿Por qué fue esta persona a Roma en 1996? _____

Sección 3. Escribe lo que esperas. Sigue el modelo.

Estoy cocinando pollo. _____ *Espero que sea bueno.* _____

1) Vamos a jugar un partido de fútbol hoy. _____

2) Hoy es mi boda. Está nublado. _____

3) Ella me está tirando la pelota. _____

4) Voy a tener un bebé. _____

5) Nuestro vuelo sale a las dos y media. _____

6) Tenemos una fiesta esta noche. _____

7) Ella me dio un vestido. _____

# Unidad 2, Lección 2, Ejercicio 4

Sección 1. Empareja el lugar con lo que hacemos en ese lugar.

1) _____ el hospital      *a. estudiar*

2) _____ la iglesia      *b. nacer*

3) _____ la escuela      *c. casar*

4) _____ el estadio      *d. ganar*

Sección 2. Escribe si estas personas estarán ***tristes*** o ***contentas***.

**Mi hijo nació hace una semana.**      *Yo estoy contento.*

1) **Me caso la semana que viene.**

2) **Daniela agarró la pelota para ganar el partido.**

3) **Mi amigo murió hace tres meses.**

4) **Ellos van a un funeral.**

5) **Mis padres van a una boda.**

Sección 3. ¿Cuánto hace…? Lee y escribe cuánto hace que pasaron estas cosas. Sigue el modelo:

**Es septiembre. Nos casamos en mayo.**

*Nos casamos hace cuatro meses.*

1) **La mujer fue a trabajar a las ocho. Ahora son las dos y está trabajando.**

2) **Mi padre fue a Nueva York el martes. Hoy es sábado y él está en Nueva York.**

3) **La niña fue a la escuela a las siete y media de la mañana. Son las diez de la mañana. La niña está estudiando.**

4) **Ellos fueron al cine a las seis y media. Son las siete y ellos están mirando la película.**

# Unidad 2, Lección 2, Prueba

Sección 1. Escribe la palabra correcta.

| se casaron | construyendo | Bienvenido | pensando | triste |
|---|---|---|---|---|

1) _____ a nuestra nueva casa.

2) Mis abuelos _____ en esa iglesia hace 65 años.

3) Están _____ un nuevo hospital en el centro.

4) Estamos _____ en ir a Brasil el año que viene.

5) Estoy _____ porque te vas mañana.

Sección 2. Subraya la respuesta correcta.

1) **Mi abuela murió hace un mes.**
   a. Te doy mis condolencias.    b. Les doy mis condolencias.

2) **Mi hija nació hace cuatro horas.**
   a. ¿Cuándo nacerá tu hija?    b. ¡Felicitaciones por su nueva bebé!

3) **Nuestros padres murieron hace diez años.**
   a. ¡Felicitaciones!    b. Les doy mis condolencias.

4) **Compramos una casa nueva hace una semana.**
   a. ¡Felicitaciones!    b. Les doy mis condolencias.

Sección 3. Contesta las preguntas.

1) **¿Dónde piensan ustedes ir de vacaciones?** ( *Europa* )

   _____

2) **¿Cuándo se casarán ustedes?** ( *tres semanas* )

   _____

3) **¿Cuándo nacerá tu bebé?** ( *pronto* )

   _____

# Notas

# Unidad 2, Lección 3, Ejercicio 1

Sección 1. Escribe las palabras del recuadro debajo de cada tipo.

| Ártico | Atlántico | este | oeste | manzano |
|--------|-----------|------|-------|---------|
| naranjo | norte | Pacífico | pino | sur |

| Árboles | Direcciones | Océanos |
|---------|-------------|---------|
| | | |
| | | |
| | | |
| | | |

Sección 2. Subraya la que pertenece a cada dibujo.

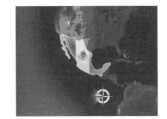

a. Rusia está al norte de China.

b. Rusia está al sur de China.

a. México está al oeste del Océano Pacífico.

b. México está al este del Océano Pacífico.

Sección 3. Subraya y escribe la palabra correcta.

1) **La planta es de ellos. Es** _____.

   a. suyo        b. suyos        c. suya        d. suyas

2) **Mi perro se llama George. George es** _____.

   a. mío        b. suyo        c. mía        d. suya

3) **Construimos una casa nueva. La casa es** _____.

   a. suya        b. nuestra        c. mía        d. ella

4) **Ustedes tienen muchos gatos. Los gatos son** _____.

   a. nuestros        b. ellos        c. suyos        d. míos

# Unidad 2, Lección 3, Ejercicio 2

Sección 1. Subraya la palabra que no pertenece.  Escribe por qué.

1) Índico          Pacífico          Sur          Ártico

_____

2) naranjo          hielo          pino          manzano

_____

3) este          sur          oeste          suyo

_____

4) tambores          desierto          océano          selva

_____

Sección 2. Escribe y contesta las preguntas.

1)  ¿Dónde está el vaso vacío?

_____

2)  ¿Dónde está el Reino Unido?

_____

3)  ¿Dónde vive este animal?

_____

4)  ¿Dónde está la selva?

_____

# Unidad 2, Lección 3, Ejercicio 3

Sección 1. Escribe el nombre del océano que está en cada dibujo.

1) _____

2) _____

3) _____

4) _____

Sección 2. Lee y escribe **Sí** o **No**. Si escribes no, cambia las palabras subrayadas.

1)  Hay mucho <u>hielo</u> en la Antártida.

_____

2)  El Reino Unido está al <u>este</u> de los Estados Unidos.

_____

3)  Los <u>pinos</u> y los naranjos son árboles que tienen fruta.

_____

4)  El Océano <u>Pacífico</u> está entre América del Sur y África.

_____

5)  Los árboles son plantas <u>grandes</u>.

_____

# Unidad 2, Lección 3, Ejercicio 4

Sección 1. Escribe dónde está cada océano en relación a los Estados Unidos.

**1) Océano Pacífico**

_____

**2) Océano Índico**

_____

**3) Océano Atlántico**

_____

**4) Océano Ártico**

_____

Sección 2. Escribe qué sostiene cada persona en las fotos.

**1) Nosotros**

_____

**2) Ella**

_____

**3) Ellos**

_____

**4) Yo**

_____

# Unidad 2, Lección 3, Prueba

Sección 1. Subraya la palabra que no pertenece. Escribe por qué.

1) Índico      Pacífico      norte      Ártico      _____

2) naranjo     amarillo      pino       manzano     _____

3) este        sur           oeste      mío         _____

4) calor       desierto      océano     selva       _____

Sección 2. Escribe lo qué pasó en el pasado.

1) **El médico dice que tienes que tomar este medicamento.**

_____

2) **Ella saca fotos en la selva de Colombia.**

_____

3) **El señor maneja el carro de España a Francia.**

_____

Sección 3. Escribe lo que hay en cada dibujo.

1) **Rusia está**

_____

**Australia.**

2) **Francia está**

_____

**Alemania y España.**

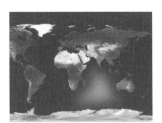

3) **África está**

_____

**el Océano Índico.**

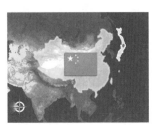

4) **China está**

_____

**Japón.**

**Notas**

# Unidad 2, Lección 4, Ejercicio 1

Sección 1. Escribe el nombre de cada animal en las fotos.

| un pato | una ballena | una rana | unas ovejas |

1) _____

2) _____

3) _____

4) _____

Sección 2. Subraya y escribe la palabra correcta.

1) **Algunas serpientes son peligrosas. No las _____.**   *a. toca*   *b. toques*

2) **Esperamos que usted _____ venir a la fiesta.**   *a. puede*   *b. pueda*

3) **Esa rana no es peligrosa. La puedes _____.**   *a. tocar*   *b. toques*

4) **Él espera _____ una foto buena del camello.**   *a. saca*   *b. sacar*

5) **Tengo miedo de _____ los insectos.**   *a. tocar*   *b. toque*

Sección 3. Subraya.

1) **Esos camellos son de ellos. Son** ( *suyos / tuyos /suyas* )**.**

2) **Tengo una rana. Esa rana es** ( *mi / mío / mía* )**.**

3) **Compré los gatos para ti. Son** ( *míos / suyos / tuyos* )**.**

4) **Nosotros tenemos una serpiente. Es** ( *mía / suya / nuestra* )**.**

# Unidad 2, Lección 4, Ejercicio 2

Sección 1. Subraya la palabra que no pertenece. Escribe por qué.

1) ovejas             elefantes         vacas

_____

2) pollos              pingüinos       patos

_____

3) pájaros           tiburones       ballenas

_____

Sección 2. Escribe la palabra correcta (*este*, *estos*, *esta*, *estas*) para completar cada frase.

1) ¿De quién es _____ vaca?

2) _____ pollos no son de ellos. Son nuestros.

3) ¿Leíste _____ libro? ¿Te gusta?

4) _____ ballenas son muy hermosas.

5) _____ serpiente es peligrosa. No la toque.

Sección 3. Contesta las preguntas.

1) ¿Dónde viven los camellos?

_____

2) ¿Puedo tocar un tiburón? ¿Por qué?

_____

3) ¿Qué aves pueden volar: los pingüinos o los patos?

_____

4) ¿Dónde viven los elefantes: en Asia o en América del Sur?

_____

# Unidad 2, Lección 4, Ejercicio 3

Sección 1. Escribe el nombre de los animales en las fotos.

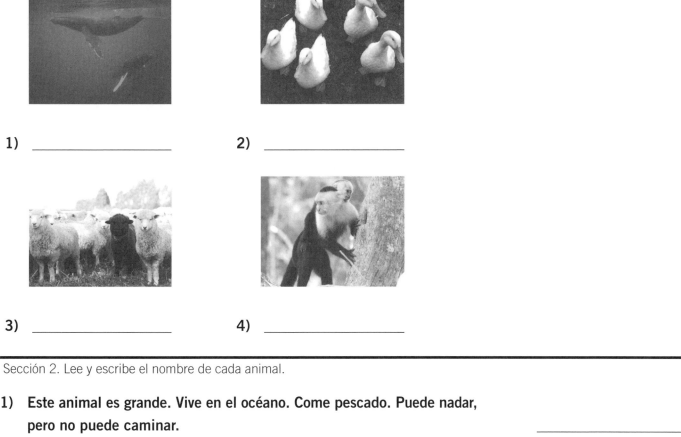

1) _____

2) _____

3) _____

4) _____

Sección 2. Lee y escribe el nombre de cada animal.

1) Este animal es grande. Vive en el océano. Come pescado. Puede nadar, pero no puede caminar.

_____

2) Estos animales son grandes. Son negros, blancos, o marrón. Viven en muchos continentes. Podemos beber leche de estos animales. No son peligrosos. A veces comen pasto.

_____

3) Este animal es un pájaro. Puede nadar y caminar, pero no puede volar. Vive en Antártida. Come pescado. Es blanco y negro.

_____

4) Este animal es grande. Es peligroso. Es color naranja y negro. A veces es blanco y negro. Vive en Asia. Es un tipo de gato grande.

_____

5) Estos animales son pequeños. Pueden ser de muchos colores. Pueden vivir en el agua, en los árboles y en la selva. Algunos son peligrosos si los tocas. Comen insectos. Pueden saltar, pero no pueden volar.

_____

6) Este animal no tiene piernas.  Puede vivir en el agua, en los árboles, en el desierto y en la selva.  Puede ser de muchos colores.  Algunas son peligrosas.  Pueden ser grandes o pequeñas.  Algunas personas tienen miedo a este animal.

# Unidad 2, Lección 4, Ejercicio 4

Sección 1. Escribe dónde viven estos animales.

**1) los camellos** _____

**2) las ballenas** _____

**3) los monos** _____

**4) los elefantes** _____

Sección 2. Escribe si cada animal es peligroso o no. Después, escribe si se puede tocar o no.

**1)** _____

_____

_____

**2)** _____

_____

_____

**3)** _____

_____

_____

**4)** _____

_____

_____

# Unidad 2, Lección 4, Prueba

Sección 1. Subraya la palabra que no pertenece.

**1)** pingüinos     patos     pollos        **2)** ranas     tiburones     ballenas

**3)** monos     tigres     ovejas        **4)** elefantes     vacas     ovejas

Sección 2. Mira estas fotos y escribe si se debe tener miedo a estos animales.

**1)** _____

_____

**2)** _____

_____

**3)** _____

_____

**4)** _____

_____

**Ahora, escribe algo sobre ti mismo.**

**Tengo miedo de** _____

**No tengo miedo de** _____

Sección 3. Escribe algo de las fotos.

**1) El gato de
esa niña es**

_____

_____ .

**2) Esta serpiente
es muy**

_____

_____ .

**3) El pájaro de
ese hombre es**

_____

_____ .

**4) Las ovejas no son**

_____

_____ .

# Notas

# Unidad 3, Lección 1, Ejercicio 1

Sección 1. Escribe *ya*, *nunca*, *ayer*, *mañana*.

1) Yo compré ropa _____.

2) _____ me duermo cuando estoy en mi oficina.

3) El hombre podrá esquiar si nieva _____.

4) Ella _____ ha leído el libro dos veces.

Sección 2. Completa las frases con la información del cuadro. Sigue el modelo:

| | | |
|---|---|---|
| nadaré en el océano | estarás enfermo | llevaré un abrigo |
| su equipo ganará el partido | compraré esto | no iremos a Europa |

**Si llegamos tarde al aeropuerto,**

*no iremos a Europa.* _____

1) **Si el jugador agarra la pelota,**

_____

2) **Si hace sol,**

_____

3) **Si tengo suficiente dinero,**

_____

4) **Si hace frío,**

_____

5) **Si no tomas el medicamento,**

_____

Sección 3. Subraya y escribe la palabra correcta.

1) ¿(*Conoce* / *Sabe*) _____ a mi amiga Silvia?

2) Mi hermano (*conoce* / *sabe*) _____ arreglar carros.

3) Este es mi amigo Juan. ¿Se (*conocen* / *saben*) _____?

4) Sí, ya nos (*conocemos* / *sabemos*) _____.

5) Mis abuelos (*conocen* / *saben*) _____ hablar chino.

# Unidad 3, Lección 1, Ejercicio 2

Sección 1. Lee y escribe hace cuánto tiempo estas personas hacen estas cosas. Sigue el modelo:

**Ella empezó a enseñar arte hace veinticinco años.**

*Ella ha enseñado por veinticinco años.*

1) **Pedro conoció a Sally hace dos meses.**

2) **Mi novio empezó a trabajar en esa oficina hace nueve meses.**

3) **Los niños empezaron a estudiar chino hace tres años.**

4) **Rebeca fue a Moscú en julio. Ahora es noviembre.**

5) **Las niñas empezaron a bailar hace diez años.**

6) **El señor empezó a arreglar carros hace treinta años.**

Sección 2. Escribe. Sigue el modelo:

**Si hace sol,** *nadaré en la playa* **.**

1) **Si el autobús no llega a horario, _____.**

2) **Si usted se cae de la escalera, _____.**

3) **Si usted tiene hambre, _____.**

4) **Si nosotros vamos al parque, _____.**

5) **_____, iremos a esquiar.**

# Unidad 3, Lección 1, Ejercicio 3

Sección 1. Subraya la palabra correcta. Sigue el modelo:

$\left(\underline{Si}\,/\,Sí\right)$ practico piano, podré salir a jugar.

1) $\left(Sí\,/\,Si\right)$ nieva, podemos ir a esquiar.

2) Vamos a cenar $\left(por\ qué\,/\,porque\right)$ tengo hambre.

3) Los niños pueden ver la televisión $\left(porque\,/\,por\ qué\right)$ hicieron la tarea.

4) ¿$\left(Porque\,/\,Por\ qué\right)$ no vienes de viaje con nosotros a Costa Rica?

Sección 2. Escribe. Sigue el modelo:

Mi número de teléfono es 555-4219. Usted escribió 555-4218.

*Usted tiene el número de teléfono incorrecto.*

1) Él lleva un abrigo, un sombrero y un suéter. Hace sol y la temperatura es treinta grados C.

2) La mujer necesita manzanas. Su esposo compró manzanas.

3) El niño necesita estudiar inglés. Tiene un libro de historia.

4) Él va a la oficina. Él lleva un traje.

Sección 3. ¿Qué has hecho? Contesta las preguntas. Sigue el modelo:

¿Cuántos libros has leído este año?          *He leído doce libros este año.*

1) ¿Cuántas veces has practicado español esta semana?

2) ¿Cuántos sándwiches has comido hoy?

3) ¿Cuántas películas has visto esta semana?

4) ¿Has ido al desierto este año?

5) ¿Has limpiado la sala de estar esta semana?

6) ¿Has conocido alguna persona nueva este mes?

# Unidad 3, Lección 1, Ejercicio 4

Sección 1. Escribe **ningún** o **ninguna**.

1) _____ camisa

2) _____ ropa

3) _____ libro

4) _____ dinero

5) _____ partido

Sección 2. Escribe lo que creen estas personas. Sigue el modelo:

1) Yo no _____ *creo* _____ que mi abrigo está aquí.

2) Ellos _____ que su hijo está estudiando.

3) Él _____ que lloverá mañana.

4) Nosotros _____que iremos de vacaciones a la playa.

5) ¿ _____ que vendrás a la fiesta de cumpleaños?

Sección 3. Contesta las preguntas. Sigue el modelo:

**¿Por qué es importante practicar el piano?**

_____ *Si practicas el piano* _____ , _____ *podrás tocar bien* _____ .

1) **¿Por qué es importante llevar un abrigo y sombrero cuando nieva?**

_____ , _____ .

2) **¿Por qué es importante cepillarse los dientes?**

_____ , _____ .

# Unidad 3, Lección 1, Prueba

---

Sección 1. Escribe. Sigue el modelo:

*Este es mi amigo, Luis. ¿Se conocen?*

1) _____

2) _____

*Encantado de conocerla, Susana.*

3) _____

---

Sección 2. Escribe.

1)  La niña sostiene _____ flores.

2)  Ella necesita _____ platos para la fiesta.

3)  Hay _____ árboles al lado de la playa.

4)  Tengo hambre.  ¿Tienes _____ pan?

5)  Ese equipo no ha ganado _____ partido este año.

6)  Él va a cocinar _____ pollo para la cena.

7)  A la mujer le gusta beber café con _____ azúcar.

8)  Hay _____ peces en este lago.

9)  El niño necesita _____ dinero para comprar el libro.

10) No he conocido _____ amigo tuyo.

---

Sección 3. Completa las oraciones con información del cuadro. Escribe la letra correcta junto a cada oración.

1)  Si nieva                              _____ *si no son caros.*

2)  Compraré los zapatos                 _____ *yo voy a barrer la cocina.*

3)  Si tú limpias el baño                _____ *si hablas chino.*

4)  Podrás hablar con mucha gente        _____ *ganarán el partido la semana que viene.*

5)  Si el equipo practica mucho          _____ *probablemente encontrarás tus zapatos.*

6)  Si necesitas medicamentos            _*/*_ *iremos a esquiar.*

7)  Si no tienes suficiente dinero       _____ *yo te lo compraré.*

8)  Si miras debajo del sofá             _____ *yo iré a la farmacia.*

---

# Notas

# Unidad 3, Lección 2, Ejercicio 1

Sección 1. Empareja las preguntas con las respuestas. Sigue el modelo:

1) ¿Dónde está mi otro zapato?

2) ¿Trajimos sólo una toalla?

3) ¿Por qué no comes tu sopa?

4) ¿Vende verduras?

5) ¿Puedo beber un vaso de leche?

*No, sólo vendo fruta.*

*Sí. Está dentro del refrigerador.*

*Sólo necesito una cuchara.*

*Sólo tengo un zapato.*

*Esto no es suficiente. Necesitamos una más.*

---

Sección 2. Escribe lo que llevan estas personas. Sigue el modelo:

El hombre _____*lleva*_____ a su hijo de la mano.

1) Las alumnas _____ sus mochilas.

2) Las mujeres _____ las plantas.

3) El hombre _____ su maletín.

4) ¿Puedes _____ mi abrigo en tu mochila?

5) Lo siento. No puedo _____.

---

Sección 3. Escribe lo que pasaría. Sigue el modelo:

Si lloviera más, ___*mi jardín crecería mejor*___. ( *mi jardín crecer mejor* )

1) Si hubiera un cajero automático aquí cerca, _____. ( *tener efectivo* )

2) Si yo comiera un sándwich, _____. ( *no tener hambre* )

3) Si tuviera suficiente espacio en mi maleta, _____. ( *llevar tu cámara* )

4) Si tuviéramos entradas, _____. ( *poder ver el partido* )

5) Si la mujer tuviera más dinero, _____. ( *comprar el reloj para su esposo* )

# Unidad 3, Lección 2, Ejercicio 2

Sección 1. Subraya la palabra correcta.

1) ( *Solo* / *Sólo* / *Sola* ) **tengo un zapato.**

2) **Pedro juega** ( *sola* / *solos* / *solo* ) **en el parque.**

3) **¿Trajimos** ( *solas* / *solos* / *sólo* ) **una torta para todos?**

4) **En mi mochila hay suficiente** ( *lugar* / *espacio* ) **para tus libros.**

5) **El jardín de mi casa es mi** ( *lugar* / *espacio* ) **favorito.**

6) **El maletín está** ( *lleno* / *vacío* ). **No tiene nada.**

7) **La mochila está** ( *llena* / *vacía* ). **No le cabe nada más.**

Sección 2. Escribe *sacar*/*meter*. Sigue el modelo:

**juguetes en una caja**    *uno debe meter los juguetes en la caja*

1) **bolígrafo del maletín para escribir**

2) **la tarjeta de crédito en el cajero automático**

3) **la leche del refrigerador para beber**

4) **dinero del cajero automático**

5) **libros en la mochila para ir a clase**

Sección 3. Contesta las preguntas.

1) **¿Qué es un yen?**

2) **¿Dónde puedo cambiar yenes a dólares?**

# Unidad 3, Lección 2, Ejercicio 3

Sección 1. Contesta las preguntas. Sigue el modelo:

¿Tienes una toalla para mí? ( *no, sólo para mí* )　　　*No, sólo tengo una para mí.*

1) ¿Vende verduras? ( *no, sólo fruta* ) _____

2) ¿Vende fruta? ( *no, sólo verduras* ) _____

3) ¿Tienes espacio en tu mochila? ( *sí, vacía* ) _____

4) ¿Tienes espacio en tu maletín? ( *no, lleno* ) _____

Sección 2. Subraya la palabra correcta.

1) ( *Tú / Dos /Uno* ) no debe limpiar el maletín con jabón.

2) ( *Dos /Uno /Tú* ) debes terminar pronto.

3) ( *Tú /Uno /Se* ) debe leer un libro con suficiente luz.

4) El arroz ( *dos /uno /se* ) debe cocinar con un poco de agua.

Sección 3. Lee y escribe el tipo de moneda que necesitan estas pesonas. Sigue el modelo:

| | |
|---|---|
| *Moneda en Europa (no el Reino Unido): €* | *Moneda en los Estados Unidos: $* |
| *Moneda en el Reino Unido: £* | *Moneda en Japón: ¥* |

**Tengo dólares. Voy a Japón.**

　　*Necesito yenes.*
_____

1) **María está en Francia. Ella va al Reino Unido.**

_____

2) **Nicolás estaba en los Estados Unidos y tenía dólares. Ahora está en España.**

_____

3) **Luis y María están en Japón. Tienen libras.**

_____

4) **Rebeca está en el Reino Unido. Mañana va a Francia.**

_____

# Unidad 3, Lección 2, Ejercicio 4

Sección 1. Escribe lo que significan estas palabras.

1) **maletín** _____

2) **mochila** _____

3) **desierto** _____

4) **selva** _____

5) **cajero automático** _____

Sección 2. Escribe si es cortés o no es cortés. Sigue el modelo:

$\Big($*hablar* / *en el cine*$\Big)$      _No es cortés hablar en el cine._

1) $\Big($*visitar a un amigo* / *en el hospital*$\Big)$ _____

2) $\Big($*dar el asiento a una persona mayor* / *en el autobús*$\Big)$ _____

3) $\Big($*llevar jeans* / *a una boda*$\Big)$ _____

4) $\Big($*hablar por teléfono* / *en el teatro*$\Big)$ _____

5) $\Big($*dormir* / *en el trabajo*$\Big)$ _____

Sección 3. Lee y escribe si se debe o no se debe hacer estas cosas. Sigue el modelo:

**El niño está arreglando la bicicleta con una cuchara.**

_No se debe arreglar la bicicleta así._

1) **La niña se cepilla los dientes con un cepillo.**

_____

2) **El hombre maneja el carro demasiado rápido.**

_____

3) **Estoy lavando la vajilla con agua y jabón.**

_____

4) **Esa muchacha lleva los zapatos en las manos.**

_____

     Rosetta Stone® Workbook – Spanish (Latin America) Level 3

# Unidad 3, Lección 2, Prueba

Sección 1. Ordena las palabras y escribe la oración correctamente.

1)  de / tuviera / avión / viajaría / yo / si / boletos / a / playa / una

_____

2)  debe / la / lavar / uno / blanca / así / ropa

_____

3)  vacío / el / de / casi / maletín / Rosita / está

_____

4)  saca / bolígrafo / maletín / su / del / para / firmar / él / documentos

_____

5)  saca / la / los / mujer / para / huevos / del / cocinar / refrigerador

_____

Sección 2. Escribe los números del 1-5 para saber lo que se debe hacer para sacar dinero del cajero automático.

> ¿Cómo puedo sacar dinero del cajero automático?

___ Por último, debes sacar el dinero y la tarjeta del cajero automático.

___ Después, debes meter la tarjeta en el cajero automático.

___ Después, debes esperar que el dinero y la tarjeta salgan del cajero automático.

___ Primero, debes tener tu tarjeta.

___ Debes poner sus números en el cajero automático.

Sección 3. Escribe lo que es cortés y no es cortés. Sigue el modelo:

*Es cortés traer algo a una boda.*

1)  _____

2)  _____

3)  _____

4)  _____

# Notas

# Unidad 3, Lección 3, Ejercicio 1

Sección 1. Escribe nombres de cosas que son **cuadradas** y **redondas**.

| cuadrados | redondos |
|---|---|
| 1) | 1) |
| 2) | 2) |
| 3) | 3) |
| 4) | 4) |
| 5) | 5) |

Sección 2. Escribe **cuánto**, **cuántos**, **mide**, **pesa**, **pesan**.

1) ¿ _____ café quiere?  Quisiera un poco de café.

2) ¿Cuánto _____ ese edificio?  Casi veinte metros.

3) ¿Cuánto _____ el comedor?  Tres metros de alto por cuatro metros de ancho.

4) ¿Cuánto _____ esas manzanas.  Casi un kilo.

5) ¿ _____ pedazos de pan necesitas para el sándwich?  Necesito dos.

6) ¿Cuánto _____ esa calle?  Casi veinte metros de ancho.

7) ¿Cuánto _____ su bebé?  Casi cinco kilos.

Sección 3. Subraya.

1)
a. Es una tarta entera.
b. Es un tercio de tarta.
c. Es la mitad de una pizza.

2)
a. Es la mitad de una tarta.
b. Es un tercio de una tarta.
c. Es un pizza entera.

3)
a. Ella corta las manzanas en tres.
b. Ella corta las limas en dos.
c. Ella corta las manzanas en cuatro.

4)
a. Ella bebió toda la leche.
b. Ella bebió la mitad de la leche.
c. Ella bebió un tercio de la leche.

# Unidad 3, Lección 3, Ejercicio 2

Sección 1. Escribe cómo son las cosas del recuadro. Sigue el modelo:

| una pelota | un escritorio | una naranja | un mapa | un limón | una maleta |

*Un limón es redondo.*

1) _____

2) _____

3) _____

4) _____

5) _____

Sección 2. Escribe cuál cuesta **más que**, **menos que**, **tanto como**. Sigue el modelo:

|   | | | |
|---|---|---|---|
| **sándwich $5** | **sopa $3** | *El sándwich cuesta más que la sopa.* |
| 1) **pollo $7** | **pizza $5** | _____ |
| 2) **torta $10** | **tarta $10** | _____ |
| 3) **vestido $90** | **zapatos $120** | _____ |
| 4) **reloj $35** | **maletín $45** | _____ |
| 5) **libro $15** | **abrigo $100** | _____ |
| 6) **mochila $25** | **entradas para el cine $25** | _____ |

Sección 3. Contesta las preguntas.

1) **¿Has contado tus libros?** ( *sí / contar / 318* )

_____

2) **¿Has probado la tarta de manzana con chocolate de mi abuela?** ( *no / probar / nunca* )

_____

# Unidad 3, Lección 3, Ejercicio 3

Sección 1. Empareja.

1) **Esta persona pesa**        *cuatro kilos.*

2) **Su maleta pesa**        *quince kilos.*

3) **El niño pesa**        *sesenta y cinco kilos.*

4) **Su bebé pesa**        *ocho kilos.*

Sección 2. Contesta las preguntas. Escribe **por lo menos**, **casi**.  Sigue el modelo:

 **¿Cuántas naranjas hay en el árbol?** ( *50* )

*Hay por lo menos cincuenta.*

1)  **¿Cuánto pesan las papas?** ( *2 kilos* )

_____

2)  **¿Hay suficiente jugo para todos?** ( *suficiente* )

_____

3)  **¿Cuánto mide el bolígrafo?** ( *8 centimetros* )

_____

4)  **¿Cuántos platos necesitamos?** ( *10 platos* )

_____

5)  **¿Cuánto mide este edificio?** ( *50 metros* )

_____

Sección 3. Contesta las siguientes preguntas.

1) **¿Qué está haciendo él?**

_____

2) **¿Qué está haciendo la niña?**

_____

3) **¿Qué hizo el hombre?**

_____

4) **¿Cuánta leche ha bebido ella?**

_____

5) **¿Es cuadrado este reloj?**

_____

6) **¿Qué es esto?**

_____

# Unidad 3, Lección 3, Ejercicio 4

Sección 1. Escribe *pesa más que* o *pesa menos que*. Sigue el modelo:

|  | gato | carro | *El gato pesa menos que el carro. El carro pesa más que el gato.* |
|---|---|---|---|
| 1) | libro | escritorio | _____ |
| 2) | bebé | niña | _____ |
| 3) | mochila | maletín | _____ |
| 4) | caballo | carro | _____ |
| 5) | cuaderno | bolígrafo | _____ |

Sección 2. Contesta las preguntas. Sigue el modelo:

¿Cuánto mide Martha de alto? (*por lo menos un metro*)

*Martha mide por lo menos un metro de alto.*

1) ¿Cuánto cuesta el vestido? (*casi noventa dólares*)

_____

2) ¿Cuánto mide la niña? (*casi tan alta como su hermano*)

_____

3) ¿Cuánto mide el bolígrafo de largo? (*por lo menos nueve centímetros*)

_____

4) ¿Cuánto pesa la manzana? (*casi como la naranja*)

_____

Sección 3. Contesta las preguntas.

1) ¿Cuánto pesas? _____

2) ¿Cuánto mides? _____

3) ¿Cuánto cuesta un kilo de manzanas en tu país? _____

4) ¿Cuánto mide tu mesa? _____

5) ¿Cuánto mide tu calle? _____

# Unidad 3, Lección 3, Prueba

Sección 1. Escribe lo que hay en las fotos. Sigue el modelo:

1)  La zanahoria _____pesa más que el frijol_____.

2)  Esta torta _____.

3)  Las ensaladas _____.

4)  El limón _____.

Sección 2. Escribe la palabra correcta.

1)  El bebé _____ casi 8 kilos.

2)  Mi madre cortó la manzana en dos.  Yo como una mitad y ella come _____.

3)  Una naranja no es cuadrada.  Es _____.

4)  Yo _____ todos mis libros.  Tengo treinta y seis libros.

5)  Hay muchas manzanas en el árbol.  Creo que hay _____ cincuenta manzanas.

6)  Esta alfombra _____ dos metros de ancho por dos metros de largo.  La alfombra

   es _____, no es redonda.

Sección 3. Escribe una pregunta para cada foto.

1)  ¿ _____

   _____ ?

2)  ¿ _____

   _____ ?

3)  ¿ _____

   _____ ?

4)  ¿ _____

   _____ ?

# Notas

# Unidad 3, Lección 4, Ejercicio 1

Sección 1. Relaciona las herramientas de la izquierda con la mejor acción en la columna de la derecha.

1) **Uso un destornillador**                *para arreglar el sofá.*

2) **Uso una llave**                        *para cortar las verduras.*

3) **Uso un alicate**                       *para arreglar mis lentes.*

4) **Uso un cuchillo**                     *para arreglar el fregadero.*

5) **Uso un martillo**                     *para arreglar mis joyas.*

Sección 2. Escribe las cosas que pertenecen en cada tipo. Sigue el modelo:

| para arreglar | para cocinar | para medir | para estudiar/trabajar |
|---|---|---|---|
| *una llave* | | | |

Sección 3. Escribe lo que estas personas necesitan y para qué lo necesitan. Sigue el modelo:

**Mi abuelo** ( *martillo no un alicate* )

      *Mi abuelo necesita un martillo y no un alicate para arreglar la silla.*

1) **La mujer** ( *cepillo de pelo no cepillo de dientes* )

 

2) **Los doctores** ( *una balanza no un termómetro* )

 

3) **El niño** ( *un destornillador no una llave* )

 

4) **Nosotros** ( *un cuchillo no una balanza* )

 

5) **Yo** ( *una balanza no un alicate* )

 

# Unidad 3, Lección 4, Ejercicio 2

Sección 1. Escribe lo que hay en las fotos. Sigue el modelo:

| caliente | fría | madura | congelado/a | fresco | podrida |

_El té está caliente._

1) _____

2) _____

3) _____

4) _____

5) _____

Sección 2. Escribe lo que significan estas cosas y para qué se usan.

1) **martillo** _____

_____

2) **balanza** _____

_____

3) **cinta adhesiva** _____

_____

# Unidad 3, Lección 4, Ejercicio 3

---

Sección 1. Escribe las palabras correctas. Sigue el modelo:

1) La maestra escribe una carta ___en___ una hoja ___de___ papel.

2) La mesera está usando un cuchillo _____ cortar las limas _____ cuatro.

3) La niña está escribiendo su nombre _____ un lápiz azul.

4) Por favor, pon el termómetro _____ la boca.

5) Ella está parada _____ la balanza.

6) Necesito una linterna _____ leer el libro.

7) La mujer le agrega sal _____ la sopa.

8) La tarta se cocina _____ el horno.

9) Necesitas un gramo _____ sal para preparar una torta.

10) Estamos comiendo pasta _____ la cena.

---

Sección 2. Mira las fotos y escribe qué está pasando, qué usan estas personas y para qué lo usan. Sigue el modelo:

*Está usando el martillo para arreglar el sofá.*

1) _____

2) _____

3) _____

---

Sección 3. Mira las fotos y escribe qué se debe hacer para preparar una torta.

*400 gramos harina*
*300 gramos de azúcar*

*120 mililitros leche*
*2 huevos*

*150 gramos de mantequilla*
*1 gramo sal*

*180° C*
*1 hora*

Primero, _____

Después, _____

Después, _____

Por ultimo, _____

# Unidad 3, Lección 4, Ejercicio 4

Sección 1. Escribe algo lógico con estas palabras. Sigue el modelo:

**tomates, balanza, medir** _Yo mido los tomates en la balanza._

1) **horno, torta, preparar** _____

2) **madera, martillo, clavo** _____

3) **sal, gramos, medir** _____

4) **termómetro, temperatura, afuera** _____

5) **carro, alicate, arreglar** _____

Sección 2. Elige y subraya la palabra correcta.

1) **La alumna está usando una regla para** ( _pesar_ / _medir_ ) **la hoja de papel.**

2) **Arreglo mis anteojos con** ( _cinta adhesiva_ / _un martillo_ ).

3) **Este termómetro** ( _está_ / _estamos_ ) **afuera.**

4) **Los niños** ( _arreglan_ / _arregla_ ) **el mapa con tijera y cinta adhesiva.**

Sección 3. Lee y escribe qué necesitas. Sigue el modelo:

**No sé cuanto pesa mi hija.** _Necesito una balanza._

1) **El fregadero está roto.** _____

2) **Mis lentes están rotos.** _____

3) **La niña está enferma.** _____

4) **El dormitorio está muy oscuro.** _____

# Unidad 3, Lección 4, Prueba

---

Sección 1. Escribe para qué se usan estas cosas. Sigue el modelo:

clavo _____*arreglar*_____ *El hombre arregla el sofá con unos clavos.*

1) lápiz _____ _____

2) cinta adhesiva _____ _____

3) destornillador _____ _____

4) balanza _____ _____

5) martillo _____ _____

---

Sección 2. Escribe lo que hacen estas personas. Sigue el modelo:

*La niña está parada sobre la balanza.*

1) _____

2) _____

3) _____

4) _____

5) _____

---

Sección 3. Usa la forma del verbo correcta para cada oración. Sigue el modelo:

Este termómetro ( *estar* ) en la boca del niño. ____*está*____

1) Los muchachos ( *usar* ) _____ la linterna para leer.

2) ( *Escribir* ) _____ mi nombre con un lápiz.

3) Mi papá ( *arreglar* ) _____ sus anteojos con cinta adhesiva.

4) La niña ( *estar* ) _____ usando una tijera para cortar el periódico.

5) ( *Sostener* ) _____ una hoja de papel color amarillo.

6) Mis hermanos ( *estar* ) _____usando una regla para medir la ventana.

---

# Notas

# Unidad 4, Lección 1, Ejercicio 1

Sección 1. Escribe la nacionalidad de las siguientes personas.

| | |
|---|---|
| pasta | ~~americano~~ |
| carro | egipcia |
| montaña | francés |
| ~~sombrero~~ | alemán |
| hombre | hindú |
| postre | italiana |
| iglesia | japonesa |
| templo | mexicano |
| estatua | rusa |

_un sombrero_
_americano_

1) _____

_____

2) _____

_____

3) _____

_____

4) _____

_____

5) _____

_____

6) _____

_____

7) _____

_____

8) _____

_____

Sección 2. Escribe.

1) Una persona de _____ es italiana.

2) Una niña de _____ es alemana.

3) Este carro es de Japón. Es un carro _____.

4) Estas joyas son de México. Son joyas _____.

5) Ese hombre es de los Estados Unidos. Es _____.

6) Mi madre me compró este juguete en Rusia. Es un juguete _____.

# Unidad 4, Lección 1, Ejercicio 2

Sección 1. Mira las fotos y contesta las preguntas.

**¿Qué trajiste a la fiesta?**

_____

**1) ¿Qué están haciendo los adultos?**

_____

**2) ¿Él ganó las elecciones?**

_____

**3) ¿Qué están leyendo?**

_____

**4) ¿Dónde visitó la reina?**

_____

**5) ¿Qué hay en la televisión?**

_____

Sección 2. Lee y empareja. Sigue el modelo:

1) **La bandera americana**      _ganará las elecciones en su estado._

2) **El hombre mayor**     _leyendo una revista de la India._

3) **Todos los muchachos**     _está delante del edificio._

4) **Yo creo que este candidato**     _tienen banderas alemanas._

5) **Estoy**     _lleva la bandera mexicana._

Sección 3. Escribe cinco cosas que haces por Internet. Sigue el modelo:

_Yo escucho música por Internet._

1) _____

2) _____

3) _____

4) _____

5) _____

# Unidad 4, Lección 1, Ejercicio 3

---

Sección 1. Sigue el modelo:

**Un restaurante en España**   *restaurante español*

1) **Juguetes de Rusia**   _____

2) **Ropa de la India**   _____

3) **Una estatua de Egipto**   _____

4) **Un postre de Francia**   _____

5) **Una pintura de China**   _____

---

Sección 2. Subraya y escribe qué hacen las personas en las elecciones.

1) **Hoy hay elecciones. La gente está** ( *vota / votando* ) _____.

2) **La mayoría de la gente ha** ( *votado / votando* ) _____ **por él.**

3) **Las elecciones han terminado. Todos han terminado de** ( *votar / votarán* ) _____.

4) **Yo no** ( *votó / voté* ) _____ **el año pasado.**

5) **Nosotros** ( *votamos / votaremos* ) _____ **en las siguientes elecciones también.**

---

Sección 3. Lee y elige la palabra correcta. Escribe. Sigue el modelo:

| visitó | creo | fue | terminaron | escribiendo | se sienta | hablaron | votaron |

**Estoy** _escribiendo_ **un correo electrónico a mi amigo que vive en India.**

1) **Ese hombre** _____ **soldado hace cincuenta años.**

2) **Yo** _____ **que el Sr. Jones ganará las elecciones.**

3) **Ella ganó las elecciones porque muchas personas** _____ **por ella.**

4) **La reina de España** _____ **al primer ministro francés en Francia ayer.**

5) **¿Está mirando las noticias? Yo estaba mirando las noticias pero** _____ **hace diez minutos.**

6) **Una reina** _____ **en este tipo de silla.**

7) **El primer ministro y el presidente** _____ **sobre los soldados.**

# Unidad 4, Lección 1, Ejercicio 4

Sección 1. Completa las oraciones con la palabra correcta del recuadro.

| | | | |
|---|---|---|---|
| *América del Norte* | *América del Sur* | *Asia* | *Europa* |

1) México está en _____.

2) La India está en _____.

3) Japón está en _____.

4) Francia está en _____.

5) Los Estados Unidos está en _____.

6) Argentina está en _____.

7) España está en _____.

Sección 2. Mira las fotos y contesta las preguntas.

1) ¿Qué pasó en las noticias hoy? El rey _____.

2) ¿Qué pasó en las noticias hoy? La reina _____.

3) ¿Hay alguna noticia sobre las elecciones? No, las elecciones ya han terminado. Todos _____.

4) ¿Qué tienen ellos? Todos _____.

5) ¿Qué hay en la televisión? _____.

6) ¿Él está comprando algo en una tienda? _____.

Sección 3. Escribe cómo estas personas saben las noticias. Puedes usar las palabras *radio*, *Internet*, *periódico*, *revista*, *televisión*. Sigue el modelo:

**Mi hermano**      *Mi hermano lee las noticias por Internet.*

1) **Tú**            _____

2) **Los abuelos**   _____

3) **El niño**       _____

4) **La esposa**     _____

5) **Tus amigos**    _____

# Unidad 4, Lección 1, Prueba

Sección 1. Subraya la forma correcta del sustantivo para cada objeto.

1)  postre          francés          francesa

2)  comida          rusa             ruso

3)  zapatos         colombianas      colombianos

4)  arroz           china            chino

5)  pasaporte       americana        americano

Sección 2. Escribe.

1) _____

2) _____

3) _____

4) _____

5) _____

6) _____

# Notas

# Unidad 4, Lección 2, Ejercicio 1

Sección 1. Elige la palabra correcta del recuadro y escríbela. Sigue el modelo:

| | | | |
|---|---|---|---|
| un poco | español | hablas | hablando |
| entiendes | idiomas | entendí | sólo |

1) – No ___entendí___ lo que me dijo el mesero. ¿Qué idioma está _____ él?

2) – Está hablando chino.

3) – ¿_____ lo que dice?

4) – Sí, pero _____ puedo entender _____ de lo que dice.

5) – ¿Cuántos _____ _____?

6) – Yo hablo tres idiomas: inglés, _____ y árabe.

---

Sección 2. Escribe qué significan estas palabras. Sigue el modelo:

**mesa** _Nos sentamos aquí para comer. La nuestra es redonda y está en la cocina. Tiene cuatro sillas._

1) **cuchara** _____

_____

2) **calcetín** _____

_____

3) **libro** _____

_____

4) **compañía** _____

_____

# Unidad 4, Lección 2, Ejercicio 2

Sección 1. Lee y escribe si **están de acuerdo** o **no están de acuerdo**.

1) Los esposos saben cuál carro quieren comprar. _____

2) El novio quiere ver el partido y la novia quiere ver una película. _____

3) Los niños juegan el mismo juego en la computadora. _____

4) La mamá quiere que el niño se ponga los guantes.
   El niño quiere ir sin guantes. _____

Sección 2. Mira las fotos y contesta las preguntas.

1) ¿Cómo se llama esto en español?

_____

2) ¿Cómo se llama esto en español?

_____

3) ¿Cómo se llama esto en español?

_____

4) ¿Cómo se llama esto en español?

_____

Sección 3. Escribe. Usa la información en paréntesis.

( *hacer* )
Esta torta __se hizo__ esta mañana.

1) ( *manejar* )
Este carro _____ dos veces.

2) ( *descubrir* )
Estas estatuas _____ en un isla.

3) ( *sacar* )
Esta foto _____ en 1961.

4) ( *devolver* )
_____ estos esquíes esta mañana.

5) ( *hacer* )
Esta estatua _____ en la antigua Roma.

# Unidad 4, Lección 2, Ejercicio 3

Sección 1. Escribe. Usa **también**. Sigue el modelo:

**Australia es un país** (*continente*)     *Este es un país y también es un continente.*

1) **Ella es una mujer de negocios y** (*madre*) _____

2) **Este hombre es músico y** (*maestro*) _____

3) **Soy un hombre de negocios y** (*padre*) _____

4) **Soy madre y** (*hija*) _____

5) **Este hombre está haciendo ejercicio y** (*mirar televisión*) _____

Sección 2. Elige y subraya la palabra correcta.

1) **¿Cuándo** (*se /es*) **sacó está foto?**     2) **Se** (*sacó /saca*) **el invierno pasado.**

3) **Esta torta** (*está /se*) **hizo esta mañana.**     4) **Mi madre** (*está /se*) **haciendo una torta.**

5) **Esta casa se** (*construye /construyó*)     6) **Los trabajadores** (*se /están*) **descansando ahora.**

Sección 3. Escribe si estás de acuerdo o no. Sigue el modelo:

**La torta es mejor que una tarta.**

*Estoy de acuerdo, creo que la torta es mejor. / No estoy de acuerdo. Yo creo que la tarta es mejor que la torta.*

1) **El español es el idioma más difícil.**

_____

2) **El color negro es el mejor para una cocina.**

_____

3) **La comida japonesa es la mejor.**

_____

4) **Usar Internet es lo más importante.**

_____

5) **La bicicleta es mejor para ir al trabajo.**

_____

# Unidad 4, Lección 2, Ejercicio 4

Sección 1. Mira las fotos. Empareja lo que dicen estas personas con las fotos correctas.

1) **–Esta es mi esposa, Lynn. Ella es músico.**

   **–¿En serio? Es muy interesante.**

   **–Yo también soy músico.** ____

2) **–Nuestro bebé nació ayer.**

   **–¿En serio? ¡Felicitaciones!** ____

3) **–La fiesta empieza a las siete y media.**

   **–¿En serio? Yo pensé que empezaba a las ocho y media.**

   **–Vamos a llegar tarde.** ____

4) **–Su cumpleaños fue ayer.**

   **–¿En serio? Yo pensé que era hoy.**

   **–Debo llamarla por teléfono ahora.** ____

Sección 2. Lee sobre Mateo Thomas.

> *Mateo Thomas es un hombre de negocios. Él trabaja para Wheeler. Es una compañía que vende bicicletas. Mateo empezó a trabajar en Wheeler hace once años. Antes de trabajar para Wheeler, él enseñó historia en una escuela secundaria.*

Sección 3. Contesta las preguntas sobre Mateo Thomas.

1) **¿Es Mateo un doctor?** _____

2) **¿Para qué compañía trabaja?** _____

3) **¿Qué hace la compañía?** _____

4) **¿Cuánto tiempo hace que trabaja para Wheeler?** _____

5) **¿Qué hacía Mateo antes?** _____

# Unidad 4, Lección 2, Prueba

---

Sección 1. Lee y contesta las preguntas. Usa **también**. Sigue el modelo:

**Usted habla ruso y árabe. ¿Habla otros idiomas?** ( *francés* )

_Sí, también hablo francés._

1) **Ese hombre toca los tambores bien. ¿Toca algún otro instrumento?** ( *guitarra* )

_____

2) **Necesitas cocinar la pasta antes de la cena. ¿Tienes que cocinar otra comida?** ( *carne* )

_____

3) **Tu hija tiene un perro. ¿Tiene otros animales?** ( *peces* )

_____

4) **La mujer está haciendo ejercicio. ¿Sólo está haciendo ejercicio?** ( *está mirando la televisión* )

_____

---

Sección 2. Escribe. Sigue el modelo:

**Esta foto de la familia de mi mamá fue** ( *sacar* ) _____ _sacada_ _____ **en 1935.**

1) **Estas ruinas fueron** ( *descubrir* ) _____ **hace más de cien años.**

2) **Esta torta fue** ( *hacer* ) _____ **para nuestra boda.**

3) **El primer libro fue** ( *escribir* ) _____ **hace más de trescientos años.**

4) **Este bolígrafo antiguo sólo fue** ( *usar* ) _____ **dos veces.**

5) **Nuestro carro fue** ( *manejar* ) _____ **desde la ciudad.**

---

Sección 3. Contesta las preguntas.

1) **¿Cuántos idiomas habla usted?** _____

2) **¿Cuántos idiomas se hablan en su país?** _____

3) **La comida china es buena. ¿Está de acuerdo?** _____

4) **¿Entiende usted francés?** _____

---

# Notas

# Unidad 4, Lección 3, Ejercicio 1

Sección 1. Lee y escribe si **hay demasiado** o **no hay suficiente**. Sigue el modelo:

**Hay catorce personas en la cola del supermercado y sólo una caja.**

*No hay suficientes cajas.*

1) **No caben más personas en el subterráneo.**

_____

2) **Tengo 25 libros que llevar.**

_____

3) **Hay seis computadoras y hay 10 niños.**

_____

4) **Nosotros reunimos $35 dólares para un libro que cuesta $57.**

_____

5) **Seis personas suben al subterráneo. Sólo hay dos asientos vacíos.**

_____

Sección 2. Para cada oración, escribe la forma correcta del verbo **olvidar**. Sigue el modelo:

**La esposa está triste porque su esposo** _____*se olvidó*_____ **su cumpleaños.**

1) **Yo tengo que regresar.** _____ **mi sombrero en la sala de estar.**

2) **La niña no tiene almuerzo. Ella** _____ **el almuerzo en casa.**

3) **Las mujeres se están mojando en la lluvia. Ellas** _____ **de traer un paraguas.**

4) **¿Dónde está tu libro? ¿** _____ **de traerlo a clase?**

5) **La mujer dejó su café en casa. Ella** _____ **el café en la mesa.**

Sección 3. Escribe cuatro oraciónes con las palabras del recuadro.

| | | | | |
|---|---|---|---|---|
| *Los estudiantes* | | | *nadar* | 1) _____ |
| *El niño* | | | *las plantas* | |
| *La niña* | *está aprendiendo* | *sobre* | *usar el internet* | 2) _____ |
| *La mujer* | *están aprendiendo* | *a* | *manejar* | 3) _____ |
| *Los hombres* | | | *caminar* | |
| *Mi hijo* | | | *las ballenas* | 4) _____ |

# Unidad 4, Lección 3, Ejercicio 2

Sección 1. Escribe los números 1-5 para poner en orden.

_____ **Se la puedo vender en doscientos cincuenta dólares.**

_____ **Esta pintura es muy hermosa. ¿Cuánto cuesta?**

_____ **Bueno. La compro.**

_____ **Es demasiado dinero. ¿La vende más barata?**

_____ **Cuesta trescientos dólares.**

Sección 2. Escribe la forma correcta de *acordarse* o *olvidarse*.

1) **¿ _____ de la dirección de Pedro? No, lo siento. Me he olvidado.**

2) **Mi abuela no se _____ de cuando vivía en Alemania de niña.**

3) **Yo _____ de mi maestra de primer grado.**

4) **Ella no _____ de la cita con el dentista a las 4:00.**

5) **Creo que mis amigos _____ de venir a mi fiesta.**

Sección 3. Contesta las preguntas. Sigue el modelo:

**¿Quieres aprender a usar la computadora?** *No, gracias. Prefiero aprender a jugar tenis.*

1) **¿Quieres aprender a hablar japonés?** _____

_____

2) **¿Quieres aprender a nadar?**_____

_____

3) **¿Quieres aprender a preparar una pizza?**_____

_____

4) **¿Quieres aprender a hacer una torta?**_____

_____

# Unidad 4, Lección 3, Ejercicio 3

Sección 1. Escribe *hace*, *por* o *desde*.

1) Yo he vivido en Japón _____ que era bebé.

2) Mi esposa y yo nos casamos _____ treinta años.

3) No he visto a mis vecinos _____ más de cinco años.

4) Yo nací en Rusia, pero _____ tres años que vivo en Italia.

5) _____ tres semanas que empecé a estudiar alemán.

6) Iré de vacaciones a México _____ un mes.

Sección 2. Elige las palabras correctas y escribe.

| | |
|---|---|
| *he* | *visitado* |
| *ha* | *comprado* |
| *hemos* | *estudiado* |
| *han* | *viajado* |
| | *visto* |

1) Mi amigo _____ muchos países de Asia.

2) Nosotros no _____ tanto como él.

3) Ya _____ los boletos para nuestro próximo viaje.

4) Mi esposo nunca _____ China.

5) Mi esposo y mi hijo _____ un poco de la historia de ese país.

Sección 3. Mira las fotos. Escribe qué tienen que hacer de nuevo.

1) ( *cena* )

_____

_____

2) ( *el piso* )

_____

_____

3) ( *la vajilla* )

_____

_____

4) ( *la bicicleta* )

_____

_____

# Unidad 4, Lección 3, Ejercicio 4

Lee y escribe si *hay demasiado* o *no hay suficiente*. Sigue el modelo:

**Ella tiene $8. La entrada al cine cuesta $12.**

*No hay suficiente dinero para la entrada al cine.*

1) **Sólo tengo ocho vasos y hay veinte invitados en.**

2) **El hombre ha jugado siete horas con su computadora.**

3) **Somos cuatro personas y sólo hay dos camas.**

4) **Son las siete y mi avión sale a las ocho. Quiero ir de compras.**

Sección 2. Escribe *he*, *has*, *ha*, *hemos*, *han*.

1) **Yo _____ visitado en el norte de Italia.**

2) **Nosotros nunca _____ comido pescado.**

3) **¿Alguna vez _____ viajado a Europa?**

4) **Margarita _____ vivido en Roma.**

5) **Creo que _____ comido demasiado. Me siento enferma.**

Sección 3. Contesta las preguntas. Puedes usar *nunca*, *una vez*, *antes*.

1) **¿Alguna vez has visitado Rusia?** _____

2) **¿Alguna vez has comido tiburón?** _____

3) **¿Alguna vez has estudiado un idioma antiguo?** _____

4) **¿Alguna vez has visto una película en chino?** _____

5) **¿Alguna vez has preparado una cena de celebración?** _____

# Unidad 4, Lección 3, Prueba

---

Sección 1. Escribe *demasiado*, *suficiente*. Sigue el modelo:

**Nevó toda la noche. No podemos manejar.** ( *nieve* )  *Hay demasiada nieve.*

1) **El subterráneo está lleno.** ( *gente* ) _____

2) **No puedo manejar muy lejos.** ( *gasolina* ) _____

3) **No puedo correr contigo en el parque.** ( *comer torta* ) _____

4) **No podemos nadar en este río.** ( *haber suficiente agua* ) _____

---

Sección 2. Mira las fotos. Escribe qué están aprendiendo estas personas.

1) _____   2) _____   3) _____

4) _____   5) _____   6) _____

---

Sección 3. Escribe los opuesto de cada palabra. Sigue el modelo:

**bueno** _____*malo*_____

1) **se acordó** _____   2) **sur** _____

3) **oeste** _____   4) **siempre** _____

5) **estoy de acuerdo** _____   6) **un hombre de negocios** _____

# Notas

Rosetta Stone® Workbook – Spanish (Latin America) Level 3

# Unidad 4, Lección 4, Ejercicio 1

---

Sección 1. Elige y escribe por qué celebran estas personas.

| |
|---|
| *porque han terminado la universidad*      *porque han estado casados cuarenta años* <br> *porque ganaron el partido*     *porque es su cumpleaños*     *porque es un día de fiesta* |

1)  **Los musulmanes celebran** _____

2)  **Los muchachos celebran** _____

3)  **El equipo celebra** _____

4)  **Los esposos celebran** _____

5)  **El hombre celebra** _____

---

Sección 2. Escribe.

**1) Estas son estatuas**

_____.

**2) Esta es una iglesia**

_____.

**3) El hombre** _____

**le está cantando a su hijo.**

**4) Este hombre** _____

**está en la mezquita.**

**5) Están celebrando un día de**

**fiesta** _____.

**6) Están celebrando un día de**

**fiesta** _____.

---

Sección 3. Mira las fotos. Escribe si estas personas **van de vacaciones** o **por negocios**.

**1) Ella está aquí**

_____.

**2) Ellos van a México**

_____.

**3) Ella está en la ciudad**

_____.

**4) Ellos van a Nueva York**

_____.

# Unidad 4, Lección 4, Ejercicio 2

---

Sección 1. Elige y escribe qué lugar es.

| museo | teatro | iglesia | concierto | mezquita | templo budista |
|---|---|---|---|---|---|

1) **Los cristianos vienen aquí.** _____

2) **Los musulmanes vienen aquí.** _____

3) **La gente ve pinturas aquí.** _____

4) **Los budistas vienen aquí.** _____

5) **La gente escucha música aquí.** _____

6) **La gente viene para ver obras de teatro.** _____

---

Sección 2. Elige la palabra correcta.

1) **¿Qué es lo que más te** ( *gustaría* / *gustó* / *gustaba* ) **de tus vacaciones?**

2) ( *Conocí* / *Conocía* / *Sabía* ) **a mucha gente interesante.**

3) **Me** ( *gustaba* / *gustó* / *gusta* ) **la comida picante y el pescado fresco.**

4) ( *Vi* / *Veía* / *Veré* ) **unas montañas y lagos.**

5) ( *Pudiste* / *Pudieron* / *Pude* ) **sacar muchas fotos.**

---

Sección 3. Escribe cómo fueron tus últimas vacaciones. Usa *visitar*, *comer*, *caminar*, *tomar el tren*, *museos*, *restaurantes*, *fotos*, *cámara*, *amigos*, *cansado*, *otras vacaciones*.

_____

_____

_____

_____

_____

_____

_____

# Unidad 4, Lección 4, Ejercicio 3

Sección 1. Escribe.

1) _____ durante 2) _____ durante 3) _____ durante

_____. _____. _____.

Sección 2. Escribe. Sigue el modelo:

**Hace calor y hace sol.**                                         *Vamos a la playa.*

1) **Tengo hambre y no hay comida en el refrigerador.**         _____

2) **Queremos ir de vacaciones el mes que viene. Quisieramos ir a otro país.** _____

3) **He terminado de empacar mi maleta. Estoy lista.**         _____

4) **Quiero ver una película.**                                _____

# Unidad 4, Lección 4, Ejercicio 4

**¿Cómo estuvieron las vacaciones?** (*buenas*)

*Estuvieron muy buenas.*

1) **¿Adónde fuiste?** (*norte / México*)

_____

2) **¿Qué viste en México?** (*templo antiguo*)

_____

3) **¿Te gustó la comida?** (*sí / carne / buena*)

_____

Sección 2. Escribe las palabras en el orden correcto.

1) *años / hace / médico / ha / hijo / desde / sido / diez / Mi*

_____

2) *cabeza / este / mujeres / frutas / en / las / llevan / la / sobre / desfile*

_____

3) *día / la / el / otoño / gente / del / este / fiesta / En / comienzo / de / celebra*

_____

4) *musulmán / la / Este / mezquita / hombre / en / está*

_____

5) *va / disfraces / En / fiesta / este / día / de / de / gente / a / la / fiestas*

_____

# Unidad 4, Lección 4, Prueba

---

Sección 1. Completa cada pregunta con la mejor respuesta del recuadro.

> | ¡Vamos!     Sí, estoy lista.     ¿Estás listo?     ¿Es hora de ir al desfile? |

1) **Es hora de ir a la boda. ¿** _____**? No, no estoy listo.  Estaré listo pronto.**

2) **¿Estás lista para ir al teatro?** _____**. ¡Vamos!**

3) **¿** _____**? Sí, es hora de ir al desfile.  ¡Vamos!**

4) **¿Estás listo para ir al partido? Sí, estoy listo.** _____**.**

---

Sección 2. Subraya y escribe la palabra correcta.

1) **He vivido en Inglaterra** ( *desde/desde que* ) **1995.**                   _____

2) **Algunas personas están celebrando** ( *después/durante/delante* ) **el partido.** _____

3) **Él no ha llevado traje** ( *desde/durante/desde que* ) **tenía dieciocho años.**   _____

---

Sección 3. Mira las fotos. Elige y subraya la correcta.

1) *a. Están celebrando el Año Nuevo chino.*

*b. Están celebrando un cumpleaños.*

*c. Están celebrando una boda.*

2) *a. Están visitando una iglesia cristiana.*

*b. Están visitando un templo judío.*

*c. Están visitando un templo budista.*

3) *a. Los hombres no están listos para correr.*

*b. Los hombres están corriendo.*

*c. Los hombres están listos para correr.*

4) *a. Hoy es un día de fiesta para los musulmanes.*

*b. Hoy es un día de fiesta para los hindúes.*

*c. Hoy es un día de fiesta para los cristianos.*

# Notas